Muse et hommes d'histoires naturelles

Esthel Cornier

Muse et hommes d'histoires naturelles

Recueil

ISBN : 979-10-422-2487-5

Nuit à ciel ouvert

Qui suis-je quand la nuit s'annonce
comme un théâtre à ciel ouvert ?

Qui suis-je ? Dans l'obscur bistre et les volutes
Pas après pas… velours… instinctive chatte à ses heures grises
Je renifle, je flaire, le repère
Lui ! Je le suis !

Mes sens en exergue, affolés par l'exhalaison
Son parfum d'encre Klein et de petits papiers
par ses doigts-plume caressés
Et dans les lueurs « terre ombre »
Éclaboussées par sa masculinité
Je devine, en gésine, les mots dansant sous sa peau.

Tout me conduit à sa chair !
À ses bras qui se resserrent
Ses lèvres et la douceur du verbe
Au creux de cette sorgue mystère
Je confie aux Dieux ce poème
Et je me donne à lui
Muse et homme.

Raconte-moi

Raconte-moi une histoire
Berce-moi de tes mots suaves
Apaise-moi de ta voix
Caresse-moi dans ta langue natale aux sonorités
me transportant au loin
Apprends-moi le désert et les étoiles
Initie-moi à la foi, ma flamme !
Partage avec moi les mystères de l'univers…
Jamais ! Je n'ébruiterai ces secrets
Ta bouche est si belle quand elle raconte
Tes mains… miment mille romances, mille émois,
mille et une nuits…
Elles caressent les reliures, les pages
Je suis captive de leur ballet, suspendue à leur beauté

Cet ouvrage est sacré !

Calligraphié aux pigments dorés, encré de rêves fous !
Je t'en supplie !
Ne cesse pas de raconter !!
N'arrête pas de me bercer
Continue de me caresser !
Je veux vivre contemplant sans trêve ta bouche, tes mains, dans
l'ivresse de ton parfum d'épices
Ne referme cet ouvrage que si nos deux cœurs y sont scellés,
enfermés pour l'éternité.

Te chercher

En mon sein chair je te cherche
et en l'onde ! Éther des poètes !

Dans un vent brûlant
à flux d'émotions contraires ~
l'espoir se disperse

Belles rencontres

Gloire aux belles rencontres d'âmes poétiques !
Plumes éthérées se percutant en plein ciel
Magie des lois de l'attraction providentielle
Échappant à toute analyse systémique

Se réalise alors une alchimie formidable !
Mystère invalidant les « comment » et « pourquoi »
De l'ordre du divin et force de la foi
Physiquement hors des mesures quantifiables

Oiseaux en sublime osmose crevant les cieux
Au pouvoir suggestif d'ailes de papillon
Folle fusion d'âmes et esprits délicieux

Un miracle renouvelé de la création
Dans un jardin fertile de mots merveilleux
L'avènement du poème né de la passion.

Flammes

Au jardin de la poésie, au milieu des roses
Deux étoiles réunies par Dieu et le destin
Corps célestes embrasés, consumés en iridescent festin
Leurs flammes se léchaient lors d'une ardente prose !

Au sein du lit de fleurs, leur fusion magnifique !
Deux âmes à corps tendant à la perfection !
Et jamais roses n'avaient vu tant de passion
Rouges sang devant cette impudence extatique

Un somptueux feu de joie embrasa la nuit !
Le ciel d'encre à ces grands cris de plaisir reluit !
Si bien que le firmament rosit avant l'aube

Pressé d'auréoler ce spectacle mémorable
De deux astres fusionnés dans la même robe
Brûlant aux flammèches d'un amour insatiable.

Gemme

Il y a cette fleur, gemme à mon cœur
dont je respire
dans mes rêves
l'effluve
tiède.
Ivre
désir
de la mettre
au bord des lèvres
et goûter enfin ses divines essences.

Feu

Avec un seul doigt
pour que l'Histoire raconte ~
allume mon feu

Beau brun barbu 1

Sous le firmament étoilé
Sa mémoire foudroie mon ventre
Métisse chaleur en mon antre
Rechute à sa couleur café

Cet homme, beau brun et barbu
M'a prise au Café des Délices
Corps et âme, heures exquises
Jamais je ne suis revenue !

Mais quelle arme me le rendra ?
Que de larmes sur son aura !
Déchirée, griffée de chagrin

J'implore Cupidon et Dieux
Le posséder en mon sein
Mille éclats des lèvres aux yeux.

Beau brin barbu 2

Sur un radeau de fétus, voguant sur le Nil
Je l'ai retrouvée ! Ma muse barbue et brune
Posture pharaonique, mais errant sans thune
De nouveau je succombe, à ses yeux juvéniles

Il est ma pyramide et aussi mon tombeau
Trop loin de son aura, éperdue je divague
Trop près de sa peau, je brûle au sel de sa vague
M'ajuster toujours pour que notre ciel soit beau

Folle de passion, je me hisse à l'embarcation !
Du bout du doigt sur son torse j'écris « passion »
Sur un papyrus dans sa main, je lis « oui, viens ! »

Depuis deux corps en fusion flottent sur le Nil
Ardents à faire rougir le ciel égyptien
Enlacés craignant ni les Dieux ni crocodile !

Femme poétesse

Je suis corps et âme menottés à mes errances poétiques
Tour à tour ondine au cœur d'un ruisseau clair ou féline
aux pensées délictueuses
De rimes tendres et maternelles ou à gravir monts et courbes d'une
muse délicieuse
D'un saut dans l'imaginaire, je suis poétesse des fleurs ou démone à
prose érotique

Vivre en poésie est merveilleuse aliénation
Flirtant avec la schizophrénie, j'éclate le moi en mille vers !
J'explose le monde en particules, vision kaléidoscopique de l'univers !
Et à chaque jour un nouveau « je » qui apparaît…
ma re-création

Femme poétesse, je vogue aux quatre vents, préférant évidemment le
souffle chaud du sirocco
Tempête de sable ! Grain de folie saveur coco !
Ma liberté de penser, d'écrire, comme seul guide

Puis, j'aime à me reposer, m'enrouler dans tes bras chauds loin des
regards et de toute attente
Respirant de façon ample sur les restes de moi après ces tourments…
mes divagations bizarroïdes
Lovée au creux de toi, cessant toute exigence, portée par Dieu et les
anges sur une vague ondoyante.

Couleur de peau

Mon regard captif dévore ses lignes
Et mes pulpes en examinent chaque grain
Dans ce clair-obscur cuivré
J'habite l'or de ce petit matin

La tentation est grandissante
De goûter chacun des mille et un pigments
Cette chromatique du désir
Délice de l'ocre au mordoré

Et je ne peux m'empêcher
De déposer sur ce parchemin mélaminé
Une fleur violine
Trace de mon cannibalisme
Mes canines à sa carnation tatouées

Hors d'haleine à ce hâle
J'opère une mue sauvage
De sage blonde je deviens folle fauve !
Pour cette chair psychédélique
Beau brin tendre, brune chaude
Mes sens cèdent
Et mes yeux roulent à la couleur de sa peau.

L'étoile

Quand je rejoins en pleine nuit les corps célestes
M'arrachant au tendre cocon de ma maison
Dans l'éther nocturne je perds toute raison
Des désirs délictueux se manifestent

De ce rêve fou de caresser cette étoile
Et la parcourir tendrement du bout des doigts
Puis du bout des lèvres goûter sa peau en soie
Paillettes dessinant sur ma langue une toile

Dans l'univers opaque j'oublie toute loi
Blottie à mon étoile j'ignore la foi
Ni Dieu ni diable pour tuer cette passion

Arrimée à une branche, cœur chancelant
La lune seul témoin de mon agitation
Je m'abandonne à mes plus sensuels penchants.

Le sablier

J'implore Chronos
que demeure cet instant ~
figée à ta peau

liée à son grain, mains brûlantes
sur les parois du sablier

Larme

Une larme perle
Elle file, s'enfuit
Court mes plaines
Noie les sillons
Creuse ma peine
Noire Rimmel
Elle roule, je dégringole !
Mon estime à tes pieds
Ton nombril à mon monde
Mon tout et ton contraire
Je n'ai que faire !
De ce silence
Tes bruits d'absence
Au fond de mon ventre
Dans un soupir
Lent et violent
Le désir qui se retire
Cuisant les chairs au sel des pleurs
Sanglots de fleur
C'est peut-être ça ?
Ce pincement affleure de corps
L'amour qui meurt
Amer au bout du doigt
Cette goutte que je lèche
Au goût de toi.

Désespoir

En ce terrible mois de juin
Qui ampute les nuits charnelles
Dont les horreurs roses, trop tôt, brisent les amours qu'on ne peut dire
Il meurt lentement notre rêve poétique

Car nous sommes de ceux qui embrasent les ombres
Amants maudits que l'on aperçoit tard
Poètes interdits
Au secret dans la lune, face cachée…
Éclairés faiblement par les astres complices
Avides de vers chair et prose délicieuse

Mais en mon ciel, ce soir, tout est noir
Je cherche tes lèvres dans le néant
Envisage ton cœur en constellation
Tes mains filantes à même mon corps céleste
Notre intime nu, brûlant, dans chaque trou noir de l'univers
Feu ! Mon poète n'est plus !

Et je me mords au sang !
M'écroule doucement
Mille et une étoiles dansent sur ton absence

Il crève indécent, le rêve érotique !
En larmes, je poétise la petite mort
Je peau-érotise le désespoir…

Ad vitam aeternam

Il y aura ce jour bleu sombre
Où tu m'arracheras de l'esquisse sous tes mains
Je devrais quitter ce lit de fusain
Où tantôt tu m'as fouillée, envisagée
La peau à ta mine, taillée si fine à crier !
Et j'abandonnerais cette poudre grise,
que je délice quand tu calques mes couches
D'épiderme en aponévrose
Ces lignes que tu dessines
Courbes fluides chair bleue
Me faisant naître au monde, n'être qu'à toi
Gravée à l'effigie de tes fantasmes !

Devrais-je vraiment au petit matin triste
quitter la pose ?
Et tomber au sol bras en croix
À hurler ce que je désire follement
Être ta muse Ad vitam aeternam devant les Hommes,
Dieu et tous les saints !

Alors ! Que tu l'achèves ainsi ce croquis !
Mon épitaphe sur ce troublant tableau
À croquer mes seins encore parfaits
Et mon ultime chute de reins.

Nuits d’encre

Il
était
l’âme en mots,
l’amant bohème,
au verbe romantique, langue ardente !
Poète ! Dans mes bras, mort t’as pris ! Depuis…
à vers brûlants
tu les hantes !
Mes nuits
d’encre.

Molécules

Errantes, deux molécules
Nues, éparpillées, tremblantes
De cosmiques particules

Perdues en divagation
En quête d'essence-ciel
De la divine équation

Quelle probabilité ?
Croiser sa flamme jumelle
Quantique électricité !

Collision moléculaire
De chair en fusion astrale
Aux brûlures nucléaires

Vers d'alchimie atomique
Lapés en charnelle prose
D'un peau-aime fantastique !

Et lèvres et encres en feu !
À rimer à l'univers
Risquer de se manquer de peu.

Éther rose

Poète la vois-tu ?
à la naissance du jour

Sublime en mon rêve~
l'éther qui circule rose
quand je lis tes mots

Du premier au dernier

Le premier baiser…
L'ultime baiser…
Entre ailes et eux, combien d'instants de rêve ?
D'éternellement ?
De désir absolu, dans le chaos d'instants brûlants, chairs fusionnantes.
Secondes, minutes et heures à battements synchronisés qui avilissent toute pensée.
Ces espaces de vie en anoxie, à souffle coupé, suspendus en extrême sensorialité.
De la géographie en 3D et cinq sens éveillés !

La découverte du nouveau monde,
jardin merveilleux entre monts et vallées.
Entre petits coins de verdure et zones plus arides…
Puis ici, cette petite fleur féconde, et là un arbre,
sa force, sa verticalité !
Cachée en félicité, une fontaine d'abondance dans une grotte rosée…
seule l'extrême tendresse permet d'accéder.

Dans ce merveilleux voyage, s'élever dans l'espace
Là où s'émancipent corps et fluides…
En apesanteur !
Toucher à la physique quantique quand dans un cri de délice tout part en mille éclats infiniment petits…
De l'infiniment grand !
De la petite mort… à la naissance de l'art.

Les points

Lisant tes poèmes
Du point G jusqu'au Z même ~
je brûle à tes lettres

Se débattre

Si rien ne me retient
Si nul ne m'anime et ne m'emmène
À quoi sert de me débattre ?
De me battre, mordre, en finir au point
Débattre de l'amour
Nue dans des vers litaniques
Si même toi tu n'agrippes que chair !
De la luxure à Dieu taire
Ne vois-tu pas la force des sentiments ?
À corps écrits couchés sur ce papier
Mes larmes à sécher
Alléché, tu viens laper
Rapter le sel de ma vie !
Et moi de hurler, langue brûlée !
Prose ensanglantée !
À tes épices consumée.

Tourterelle

Sur une aile de tourterelle
Partir pour ne pas revenir
Amarrée à sa plume la plus belle
Perforer l'espace et le temps !
Crever l'onde PQRST et la 4G aussi
Puis cette odeur de fleur d'oranger
Une lumière douce… cannelle à mes seins
Le couchant sur ma peau… caresse d'or et ocre
Et cet appel vibrant dans l'éther sable
Je suis aspirée !
Dévorée par d'autres sonorités
De cette langue riche et chaude
Qui me trouve de ses mots
Me fouille jusqu'à l'âme

Elle m'ouvre !

Et quand mille et une nuits tombent
Dans une oasis de senteur et de couleurs
Allongée sur un lit de jasmin
Je regarde ma tourterelle voler
Rejoindre le firmament
Ainsi je demeure
Visage tourné là-bas… vers la pierre sacrée
Écoutant le vent

Dans le désert… sur son souffle
Le chant des Poètes d'orient
Et mon sang qui fait sept tours !
Et mon cœur et mon corps !
À leurs rimes d'amour fou
Mon mirage et ma joie.

L’attente

Dans l’attente
Droit comme une pyramide
Tu envisages le mirage
À la faveur des voiles
Qui dessinent mes hanches

Sous la tente
En pleine oasis
Un parfum de supplice
De fleurs d’oranger et anis étoilé
Tu rêves du miracle
Quand à ventre ondulant
D’orient à l’occident
Charmeuse de serpents
Entre deux pans de soie
Je te fais perdre les sens
Et puis l’orientation
Dans d’intenables étreintes !

Et tu cherches le chemin
Entre dunes et grains de peau
Perles bruncs de beauté
À damner tous les saints
Et pour mes seins
Tu te lâches

Et toutes les voilures s'effondrent
Dans un souffle de sirocco
Et nos soupirs d'extase
Une caravelle passe…

Cri

Ce long cri d'automne
quand dans un dernier frisson ~
j'étreins ton écorce

Le pont Mirabeau

Les cadenas ont sauté
Et de l'amour à flot s'est déversé

Mais quelle drôle de scène !

Des molécules aimantes
Ondulantes
En flottement
Éparpillées, scintillantes
Libres soudain !

Mais quelle drôle de Seine !

Chargée en métaux lourds et précieux
Gemmes par millier
De « je t'aime » libérés

Et partout sur les berges
Une foule parisienne
Avide d'une seule intention
Capturer ce noble sentiment
Munie de filets à papillons

Et moi, de longs et profonds sanglots
Ma peine déversant
À faire déborder les eaux de la Seine
Crue-elle évasion
Mon amour s'en est allé
Près du pont Mirabeau
Il a sauté !
Libre et beau
On n'emprisonne pas celui qu'on aime !
Seule…
Mon triste cœur Apollinaire
Je pleure et je demeure.

Merveille

Des eaux de la Seine
au ciel d'ombres et merveilles ~
partout ton visage

Petits papiers

J'ai besoin de nous
ondes et mains enlacées
ce lien contigu

à petits papiers brûlants
secret d'amour continu

Douce heure

De seconde en minute
À ces heures enjambant nos nuits
À compter chaque grain dans le grand sablier
À nous fantasmer ensablés ensemble
Suspendus, enlacés aux lianes du temps
Et ta bouche et mes mains et l'intime dessein
Puis ce moment enfin !
La distance qui meurt en cette onde 4G
Quelques poussières d'instants où le manque s'éteint
Dans un message rose aussi beau que l'orient
Douce heure où de joie le cœur en moi explose
Des tes mots, de nos maux, doux leurre de la présence
Et rêver toujours à la douceur du jour
Où mes lèvres de nouveau goûteront à ta peau.

Caresse à l’horizon

Caresser l’horizon
La main chargée d’un regard
Des doigts, petites plumes graciles
Dénuder peu à peu le paysage
Jusqu’à leur apparition !

Des mots nus et sublimes !

Frissonnants sur la ligne là-bas
Ce lointain où mon cœur les couche
Beautés ambre et dorées
Troublants d’invitation
Affleure d’exotisme
À fleur d’érotisme

Est-ce que ça existe ?

D’instants d’extase ainsi !
Et les laisser à ma peau
Me dévorer offerte
À chair de passion me brûler
Aux lettres de ton prénom.

À quoi ça tient ?

À quoi ça tient la vie ?
À ces crépuscules qui brisent les jours en silence ?
Aux petits matins inlassables, qui m'attrapent par la chevelure, me redressent et me fouettent pour aller de l'avant ?
Aux journées de baisers, de rires et de pleurs d'enfants ?
La joie, les peines, les fleurs, les drôles d'oiseaux et tes bras qui me manquent ?
Et ce fil rouge…
Que j'agrippe à saigner mes paumes !
Soie écarlate, force et douceur entrelacées en fines lianes entre mes doigts.
La vie ténue… d'indicibles liens…
Et cet instant, intime évidence, lové au bout des mots
De t'aimer comme folle raison de vivre !

Sept fois

Tourne sept fois
Ta langue dans ma bouche
Avant de t'immiscer
Sous les voûtes de mon palais
Et ôte alors un à un
Les voiles de ma pudeur !

Puis goûte délicatement
Entre les parois buccales
Ces petits mots gourmands
Suave saveur du peau-aime

Et nos lèvres se rafraîchissant
Mouillées à nos souffles créateurs
Tu expires, je m'inspire
J'expire et tu m'aspires

Les sonorités s'en mêlent
Le vers prend un accent d'ailleurs
Un fabuleux champ lexical
Quand ma rime croise tes racines
Et mon ADN s'aligne !
Et ton ADN salive !
À la fleur d'oranger et bouquet de jasmin !

Cette poésie ne peut plus finir
Elle veut quitter nos gueules d'amour
Parcourir les dunes du désert
Pauser dans une oasis humide
Et chanter la nuit entière ce mirage
Notre miracle amoureux.

Ombres

Je chéris les traces
sublimes ! Dans de beaux draps~
nos ombres poisseuses

Esquisse

Il se devine
Aux perles fines sur mon front
Le verbe en sueur
Dans une délicate bataille
De menus mots qui se chamaillent
Se disputent la place
En ligne Maginot
Il faut que ce soit beau !

Car je veux rendre grâce
À sa splendeur masculine !
Ses fibres bandées sanguines
Chère chair, tendre exquise !
Et l'appel délicieux
À croquer l'esquisse…
Le porter haut au ciel d'Ulysse
D'Éros, et autres Apollon !

Saurais-je les accoucher sur le papier ?
Sa force et sa virilité
Et à l'origine du monde
Là où ma plume rejoint nos frissons
Trouver la sémantique
Au cœur même de la pratique
Et restituer tout en délicatesse
La beauté de l'homme-amour
Et la fulgurance du sentiment qui m'agite.

Césarienne

À corps tremblant, j'attends
Dans un linceul chair
Une matrice mutique
Je ne perçois plus
Depuis le vingt décembre
Les mots

Et de ce corps tremblant, j'appelle !

« Muse ! Que tu viennes ! »

Fracasser ce mur à la faux !
Et que tu les achèves un peu plus loin,
La petite mort du son,
L'agonie du phonème,
L'anoxie métaphorique !

Alors tel un Phénix
Né par césarienne pratiquée de tes mains
Ce poème nous prendrait par surprise !
Une scène d'amour pur dans un ciel d'azur !
Piqueté ici et là… quelques fleurs
Et puis cette cigogne
Reine mage
Annonçant ma renaissance.

Baiser

Et quand tu me manques
ta bouche en glaise je rêve ~
à mordre mes lèvres

sang pitié violent baiser
figé pour l'éternité

Bassin

Est-ce que la nuit peut s'estomper ?
Déposer son habit de velours bleuté
Chahutée, comprimée comme elle le fut
Et en nos bassins malmenée !

Lapée jusqu'à l'ultime goutte… et les étoiles !
Et nous artistes dans la peau
Expérimentant l'art du noir
Bouillonnant sang chaud

Explorant les nuances douces violentes
À l'ombre des chairs
Dans le détroit des hanches
Et le Nil qui coule à flots… les parfums violets d'orient

Doigts mêlés à ta tignasse
Ventre retenant le voile
Ma bouche cette folle !
Psalmodie des mots
Le poème incantatoire
À graver sur la toile
Immortalisant les heures d'encre… Extasc !

Kimono

Sous mon kimono
dix-sept syllabes de soi~
ton souffle coupé

Geisha

En ton rêve organza
émergeant de vapeurs diaphanes
Je serais ta geisha.

Ta femme totale, ta f'âme fatale !
Du levant…
Au crépuscule de chaque jour
Et plus encore au creux de nos nuits tièdes
Sur le velours carmin de mes lèvres
Guidé par le phare à joues
Tu viendrais te délecter de mes petits mots dentelles.

Une parfaite poupée de porcelaine !
Une œuvre complète ! Ton huitième art !
Et je ressens cette extase, ce frisson !
Quand de ta main en effusion
Tu caresserais mes cheveux noir de jais.

Elles seraient douces nos peaux
Cette volupté chair pétale
La promesse de bonheur des sakura
Un tsunami de fleurs à cœur à corps

L'explosion de mes sens à ce
printemps japonisant
Me sort brutalement du songe
Et je porte ton rêve à ma conscience
J'entends dehors piailler les mésanges
Et des bruits de guerre très loin là-bas
Je crois que j'ai rêvé
J'ai rêvé que tu rêvais de moi.

La robe rouge

L'aube m'enlace
Elle m'embrasse
De ses lèvres, lames de brume rose
Elle crève l'insomnie !
Harakiri au grouillement de ma pensée !
Adieu l'attente, obscures minutes et heures insolentes !

Le jour s'élance !
Et le chant d'une mésange, pur dans l'éther
Et mon corps et mon cœur et ma joie !
Un parfum d'orient dans l'hiver
Une robe rouge qui n'a pas froid aux yeux

Le jour m'emballe
Un poème se pose sur ma bouche
Glisse en rime vers mes seins
Me saisit dans les reins
Me prose à langue brûlante
Feu je tremble, je flambe !
Et mon jour prend le goût d'éternité.

Manque

Quand tu manques à mes mots…
Trois points de suspension
Je retombe à la ligne

Alors je crapahute en marge
Carreau après carreau
Sur cette feuille blanche
Au format A-deux
J'agrafe un souvenir
Et je scotche ton sourire
Je convoque l'instant
Pour les retrouver
Ces mots de sucre et épices
Restés collés à ta peau
Les laper dans la langue de Molière
Dans toutes tes parenthèses
Jusqu'à en siroter l'accent
Et son inflexion chantante
En ce français parfait !

Vraiment…
Quand tu manques à mon cœur
Mon corps n'a de cesse
De rebattre l'alphabet
Et réinventer les mots
Pour poétiser l'amour
Et l'amour des mots…

Solstice

À l'instant où tout bascule !
le verbe qui nous bouscule

Le bleu du solstice
et nos poèmes jaillissent !~
la nuit la plus langue

Si tu me manquais

Si tu me manquais
Je remonterais les aiguilles du temps
À tort et tes travers
Et ton corps tout entier !
Je parcourais dôme et derme
Et ma rivière à l'envers
Jusqu'à la source où tu n'es plus
Nos cascades de rires
Mes gorges déployées
Puis je te baladerais
Sur nos champs de ruines chaudes
À brûler tes paumes !
Jusqu'aux nerfs de notre guerre
Et me gratter jusqu'à saigner !
À penser nos plaies
Me demander comment j'aurais pu faire
À l'heure du dernier baiser
Tatouer mes lèvres à chair
Te mordre et ne plus lâcher
Cette fois ne pas se manquer.

Quoi qu'on comète

Comment allons-nous nous aimer ?
Au creux de ce petit jour… notre nuit
À tout réinventer
À gicler sur les murs de la chambre
Toutes les étoiles de nos yeux!
Et cette clarté douce, la lune ronde
Où s'abrite mon rêve
Et surgissent tes fantasmes
La galaxie, apparaissant sur ma peau
À la faveur de ton doigt
D'un fol grain à l'autre

Et quoi qu'on comète !
À des années-lumière de nos réalités
Glissés entre les fuseaux horaires
À cette heure mi-chienne mi-loup
Oui, quoi qu'on commette !
Que ce soit merveilleux !
Aux quatre coins de la pièce !
Et le pan des murs !
Et les draps suppliants !
Et tes bras fougueux !
Jusqu'à notre petite mort
Et notre dernier cri
Et le rideau qui tombe
Et nos visages radieux
Heureuse heureux
Éclaboussant le jour !

Crise de vers

Sombre journée
Quand tu me manques
À chercher dessus dessous
L'endroit et l'envers de mes maux
Martyre à chair de l'être
Souffrante au cœur du mot

Je m'agite
Bats de l'elle
Mon horrible crise de vers
À diarrhée de vocabulaire

Ligaments, viscères, misère !
Cœur, terreur !
Bleu !
J'ecchymose, je cyanose, je névrose
Et je mords la poussière
Et j'ai la mer à boire
Et toi, tu ne manques pas d'air !
Riant de mon grand art à jouer ce psychodrame
Tu me lâches désabusé

« C'est d'une banalité ! »

Alors je crie, je pleure
Et je perds définitivement mon sang-toi.

Dadaïsme

Franchement ?
Aimer c'est le bordel !
Mon bord d'elle, à bout de moi
Borderline voir schizophrène
Et autres mots savants
Vous l'aurez deviné
Je suis une f'âme passionnelle
Et cette odeur de feu de bois vers
C'est ma plume qui se consume
Car j'aime trop, intensément !
Consumériste du sentiment
Je croque l'amour à pleines dents
Un coup de « je t'aime »
Et j'attrape des mots au hasard
Dadaïste par ferveur
Je les lance en vrac du Sacré-Cœur !
À Montmartre sur le parvis
Échoués allègrement
vous pourrez lire dorénavant

« Je t'adore muse éternellement et
je t'aime poésie, à en crever ! »

Et tant pis pour le désordre !
Car dans la gêne il n'y a pas de plaisir
et aucune limite, à l'art d'aimer !

Passages osés

Il y a des passages osés
Où je retourne la feuille pour ne pas que vous voyiez
Qu'entre mes lignes flotte cette odeur d'épices et de jasmin
Que mes gambettes sautillent au rythme d'un French cancan parisien
Qu'avec mes mains je touche à tout ! Puis suce mes doigts comme
une enfant pas sage
Vous entendez ce frémissement du papier !
C'est moi qui me mets nue
Quittant hardiment mes dessus, sans dessous,
sans interdit, sens dessous dessus !
Puis à la gouache
Je remplis sauvagement l'espace vierge
À coup de reins, de seins, de hanches, de tes mains et de ta bouche !
Et à la dernière goutte du fluide
Je m'endors là dans de beaux bras
Tu remontes alors tendrement le drap
puis retournes délicatement l'ouvrage
Afin de vous laisser admirer pleinement
La beauté de l'art visu-elle.

Accord mellifère

Pistil, étamine,
puissent-ils se féconder ! ~
à corps mellifères

il suffirait cette fleur
et l'amour que j'ai pour toi

Pollinisant la beauté
au plus près de l'art nouveau

miel bouche à corolle
balbutier ces quelques mots~
le poème enfin !

Le boudoir

Je divague…
Habitée par ce boudoir
À parfum lilas jasmin
Sa porte co-chair et nos murmures
À l'antre d'eux battants des cœurs

Je vagabonde en cette alcôve
Où s'élance le chant des souffles
Et soupirs… et désir… le poème nu qui danse

Au gouffre de ta bouche, je m'abîme
Hors la loi des Hommes !
Or d'haleine !
De ces ors cambriolés à l'aube
en flagrant délice !

Et j'égare le verbe
Et la moelle du mot
Et ma poésie se déhanche à ton style
Et ma rime qui s'agite
Et mes pieds qui rôdent, te frôlent, t'attachent
puis te libèrent

Est-il possible d'aimer à tout rompre ?
De les chérir à en crever ?
Tous ces instants d'amour dérobés
Où je me perds pour te trouver.

La lumière rose

Elle est si loin
Parfois…
La lumière rose

Dans les nimbes, les absents
Le ciel qui se traîne
Les bordures, les ratures
Les flaques du cœur
L'envers du décor
Des fois…

Dix fois, cent fois, mille fois !
J'implore, je prie, je crie
J'écris !
Pour qu'elle advienne
Se dépose… kyrielle de pastels
Paillettes de poème
D'amour fou
Griffonné, déchiré !
Jeté au vent

Au hasard des nuages et de la grève
Qu'elle se dépose sur moi
Miettes tendres céladon
De petits bouts de toi
Des écueils de mots lilas
Et comme à chaque jour
La couleur de tes sentiments sept fois

Jeudi noir

Jeudi noir, je sombre…
à l'est pleurent les colombes~
prends-moi dans tes draps

L'égérie

Juste après l'amour
Profitant de son profond sommeil
À l'homme, j'ai volé une côte
La septième ! À gauche sur son cœur
Et j'ai commencé à la créer

De ma chair je l'ai recouverte
Modelée à mains nues… et poussière… et terre… et mon sang mêlés
J'ai fait naître son visage, son buste
Puis des seins giclants, ses fesses rondes, ses cuisses tièdes…

Je voulais cette femme, incarnation du rêve universel,
songe de tendresse et flamme du fantasme !

Sous mes doigts affairés, je façonnais l'égérie !
Mère, épouse, amante torride !
Soignante et guerrière !
Forte, résiliente, volontaire !

En plein mélange de glaise et d'argile
J'ai côtoyé les vertiges
Mes épaules affaissées, nuque martyrisée
Le poids inquantifiable de l'humanité !
Pesanteur inqualifiable sur l'échine de la féminité

Alors que je tombais et goûtais à la terre
En ma bouche, cet âpre enfer
L'homme s'est relevé
Il a délicatement passé ses bras sous mes aisselles
Humé ma chevelure, respiré dans mon souffle
Ses jambes sont devenues tutrices de tout mon être
Ensemble, nous nous sommes dressés
Dans la lumière du nouveau jour.

Tes mots

Je les cueille délicatement un à un chacun de tes mots
Comme je cueillerais de belles fleurs vivaces qui bouleverseraient le cycle des saisons et puis de ma raison…
Ils chuchotent à travers le mur, me causent, me prosent et me chahutent, me slament et me valsent !
Ils crèvent l'écran !
Et dans les bris de vers… amoureux du verbe et de la verve… ci-gît, mon cœur.

Mais en moi, tout s'enfleur !
Lèvres, vaisseaux, seins, poumons !
Et en ma bouche une saveur de Rimmel
Car je pleure et je ris !
Et dans le feed, je cherche ton fil
J'espère l'inspiration rouge passion
La bonne note, le juste cri,
Faire frémir en écho ta poésie
Et t'offrir une rose.

Page blanche

Fixant cette page blanche
J'ai une peur livide qui s'installe
Toute cette hémoglobine avec l'encre qui s'enfuit !
Laissant ici et là au grain des ecchymoses…
Quelques fleurs du mal à la douleur bleu cyanose

De l'écarlate au pourpre
Je vois mon savoir-faire qui s'oxyde
Mes rimes de sang, mes rimes à rien
Rouillant dans l'âpre odeur du fer sanguin

Et ma feuille qui rougit !
Et la feuille qui noircit !
L'automne… puis l'hiver de ma poésie
D'ultimes éclats de vers, rubiconds
Et puis mes larmes et puis les tiennes
Forment sur ce lit blanc
Mon ultime poème

Si elle meurt ?
La poétesse en moi
M'aimeras-tu encore ?

Période bleue

Cet amour-là ?

Cadenassé ! Enchaîné !
À gros maillons
Et son goulet,
D'étranglement
Si par pur trac, je veux m'enfuir
À poignets menus
Serpentant, tenter de me glisser
Les chaînes se resserrent
Violemment !
Et je me mords les lèvres de saisissement !

L'appel du sang, de l'hématome ?
Voici qu'en plein Paris
J'initie une période bleue en poésie !

Et elle me colle des frissons
Explose ma libido jusqu'au plafond !
Féconde mon imagination !
Des tâches myosotis apparaissent sur les draps,
Aux murs,
Aux monuments,
À Notre-Dame !
Au parlement !

Au Sacré-Cœur et sur le tien !
Et à mes lèvres ! Et à tes mains !
Comme des pétales mellifères,
Somptueuses éclaboussures teintées Mélisse
Que je décris avec délice
En vers, en long, en large et mes travers
Des fleurs bleues toi.

Départ

C’était l’heure du grand dép’art
Et dans les précipitations
À gros grêlons d’émotion
Je ne savais toujours pas
Si la poésie serait notre rédemption.

Il me parlait de plumes et de papillons
De rimes sans pareilles
Qui enjamberaient chacun de mes mots
Embrasseraient mon corps et puis mes seins
Et plus bas… nous abolirions toute règle
En redondance de sons
Rythmés par des interjections
Faisant fi de toute ponctuation
Abusant d’émoticônes cœur » et « feu »

Et sur le quai de cette gare…
Je le dévorais des yeux
Des mains, et cette bouche…
Et ce bruit infernal…
Et ces poussières de bitume…
Et tous ces gens de passage !
Est-ce qu’ils aimaient aussi ?
Est-ce qu’ils avaient aux tripes des souvenirs qui brûlent ?
Est-ce qu’ils crevaient au cœur par peur de se perdre!

À grande crue de scène tragique
Je lui fis promettre
Devant Dieu et tous les poètes au ciel
De nous écrire à chaque aube nouvelle

Un magnifique poème, moderne, virtuel et d'amour fou !

Message d'erreur

Parfois s'affiche un message d'erreur
À la faveur d'une rime qui refuse le croisement
Ou d'un simple point final qui rate le terminal
Et voilà que le train-train quotidien déraille !

Je me retrouve seule à quai, K.O. !
Je voudrais faire Reset
Mais le réseau s'en mêle
Sur l'écran noir, cafard et buée de larmes
« Votre correspondance aura du retard »

Furieuse ! Je jette l'encre
Et gribouille un drôle de poème sur ton mur
De l'art de rue, évidemment !
Et ces mots malgré la panne te murmurent
« Éteins la lumière bleue
Et allume les étoiles dans mes yeux ! »

Alors sur la même longueur d'onde
À corps joie
On improvise
N'importe quoi ! N'importe comment !
Les smileys caracolent
Et les likes qui s'affolent
Et dans l'apothéose finale
Je commets une faute de conduite
Vous devrez deviner la suite.

Agonie

Quel mot déjà à cet état ?
Quand l'estomac prend feu
À manger des quartiers d'orange bleue
Quand on ne finit même plus son vers
Les mains bloquées sous un ciel bas
Pesant comme couvercle
Et que moineaux et mésanges
Perdent leurs plumes et le chant
Ôtant tellement de poésie au monde

Quelle appellation, dites-moi ?
Quand je gratte, ongles noirs
Le terreau de tes espoirs
Cherchant dans les herbes folles
Cette tige plus verte ailleurs
La fleur vénielle
Pour qui tu capitules
À la prose délicieuse
Rose épineuse

Je ne sais pas, je ne sais plus… ce « maux »
Blizzard ? Cafard ?
Spleen ? Tragédie ! Agonie !
La juste terreur d'un soir
Où je te vois t'éloigner
Dans de vespérales ondées
Voguer dans son sillage
Glissant tous deux sur la surface du beau
Et ce silence au bord de l'eau
C'est ma bohème qui se noie…
Sans se débattre.

Lueurs bleues

Il y a des lueurs bleu fauve
De dunes qui se parcourent à l'envers du monde
Des crépuscules aux aubes à courir sur le jour
Repoussant, membres frêles, les aiguilles de l'instant.

Dans ce souffle renversé
Dansent au vent follet
Des corps enluminés
Lucines aux chevelures d'argent
Parfumées d'iode et sèves fraîches
Et des milliers de grains, folie !
Parcourent l'univers de travers
Dans un salut solaire
Ignorant de l'hiver
S'élevant si haut au ciel !

Et nous,
Vivant, vivante !
Dans cet éther
Ayant trouvé refuge
Notre amour enfin
Nu en pleine lumière.

Entre chien et loup

Crépuscule feu !
Ore où s'empourprent nos ombres ~
entre chien et louve

Mon homme

C'était bien lui, mon homme, mi-miel mi-loup sans cesse aux abois
Porté par mes vagues de dessous à phéromones bestiales
Cette brise… douce tempête ! Paradoxale !
Ne pouvant le laisser de marbre, il n'en demeurait pas moins de bois.

Et moi, je criais ma joie ! Une houle sans précédent !
Dès qu'il s'approchait de l'antre
Là où séjournait chair tendre
L'extatique émoi origine-elle et lui à crocs mordants.

Et je revois sa bouche douce carnassière
Feu ! Flammes d'oxymores ! J'ai chaud, j'ai froid, j'y plonge tête la première !
Car pure merveille était sa verve !

Inouïe ! Inoubliable pour moi pourtant maîtresse de la langue
Je m'allongeais le flanc contre son verbe
Et des heures durant, nous faisions l'amour à mots, l'amour à mort
Et à ce souvenir tout tangue.

Amours défendus

Ni ciguë ni ortie
Ce qui s'écoule…
Ni chaîne ni peine
Le cordon délictueux, les menottes délicieuses
Paradis en enfer ! Enfer au paradis ?
Que sais-je !!!

Et je le sens qui coule mon Dieu !
Goutte à goutte à peau
À bouche que veux-tu
Brûlant mes artères
Un poison ?
Fluide à corps vermillon
Saveur souffre et fer aux muqueuses
Sapidité des interdits
Et ce léger parfum de rose fraîchement éclose
qui vient caresser les lèvres écarlates.

Le sang qui ne fait qu'un tour !
Le sein qui bondit !
À-coups d'amour, violents coups de « je t'aime »
C'est donc cet arsenic rouge qui coule en nos veines
Qu'on me pardonne !
J'accepte la mort lente, orgasmique, le supplice, le délice
Et crever d'amour défendu.

Saison impudique

Au creux des nuits mordorées,
je fais ce rêve en pagaille

vivre dans tes draps
l'impudique saison !~
nos corps effeuillés

L'amour a mal

Dis-moi mon cœur
Est-ce que l'amour a mal ?
À valser dans ton souffle
Heurter les parois, les valves !
Tourbillonner cent fois, ni loi
Sang ! Foie ! Poumons ! Reins ! Entrailles !

« Aïe ! »

Entailles !
Je lui ai fait mal !
De mes doigts agités
Griffures profondes
À mes états de vers !
Et de cette langue vivante, acérée !
Rompue à proser
Et causer l'émoi, les débordements
Tellement, tellement, tellement
Je veux lui plaire !
En excès de z'elle !
Abus de tendresse !
Et contradictions

« Plus !
Arrête ! Mais encore !
Plus fort ! Plus doux ! Fais-moi mal ! »

Et mes ongles se plantent !
Dans sa chair cramée
De m'avoir trop aimée
Ou pas assez…

Derrière les arts

Octobre, dernières lueurs…

Cachés derrière les arts
Ceux des murs exposés au soleil blafard
Nous, secoués de frissons
À l'ombre de ces éternels regards…

Et le tien sur mes seins, et sur tes lèvres le mien !
D'amour interdit
Censurés !
La morsure ! Le cerveau reptilien !
De reproduction l'instinct !

Et ça crève en moi !
L'adieu aux larmes…
Et laisser ici
Accolé à des siècles d'Histoire
Mon musée homme !
Mon fol amour pour toi
Exposé ! Offert !
Aux visiteurs lézardant tard
Au hasard à la lumière du soir
Cherchant l'œil grivois
À percer nos mystères.

Rêve bleu

Le rêve n'est que bleu sombre
Au goût d'oranges amères
Mûrissant lentement
Aux lueurs d'automne

Et sur l'écorce terrestre,
l'azur n'est plus que feu !
Une flamme indigo
Octobre qui saigne !
Et moi je me signe, me tords sous l'attente…

Que l'oubli sonne l'heure !
Expire les tragédies
Doux leurre en sacrifice
Laissant la nature qui pleure…

Et ruissellent des cheveux d'ange
Ils volent, s'agrippent aux clochers
Ils s'enroulent sur la pierre
Tutoient étoile et croissant de lune !
Ils sont âmes et prières
Des cris dans l'univers

Les voyant disparaître
J'espère tes bras tendres
Que tu me psalmodies mensonges
Juste par amour pour moi
« Tout ça n'existe pas, tout ça n'existe pas, tout ça n'existe pas… »

Séquence

Lovée contre toi
à humer tes phéromones ~
mon instinct me guide

en nos gènes mammifères
la séquence du désir

Oublier

J'oublie un instant
l'aridité de ce monde ~
~ mouillée par ta main

Ô temps !

Quel drôle de regard, tu poses sur moi…
Tes prunelles noires ignorant la matière pour ne répondre qu'à l'appel lointain de l'éther
Et au rythme du ressac, fracas ! Je ploie,
Dans l'écume de la rage, ma joie sombrant à terre

As-tu déjà sans rime d'adieu, largué les amarres ?
Déployé la grand-voile qui t'emporte poète, loin de mon bassin
Avide du parfum de nouvelles fleurs, de secousses à l'âme quand corps et cœur redémarrent
Cheminant vers de fabuleux triangles, géométrie des espaces dont souvent tu faisais au fusain le dessin.

Et je demeure encrée là… autrefois muse sublime
Sans ta verve qui m'habite, sans ta prose qui m'habille… mes pleurs inlassables
Mes courbes se penchent et s'abîment !
Ô affreux sablier ! Horrible temps qui me dévore… et mes dents grincent dans ma bouche pleine de sable.

Le grand sablier

Misérable chair que martyrise le temps !
Lamentable destinée que naître pour succomber asphyxiée
Étranglée où le grand sablier se resserre
Les seins déversés sur le ventre et genoux à terre
Chaque nouvelle ride creusant un peu plus ma tombe
En terre de no man's land où ne dansent que des ombres
Silhouette harassée… s'enlisant peu à peu dans la poussière d'ossements

Il y a eu antan sous ton regard des instants somptueux de lumière !
Ma carnation velours, éclatante, précieuse comme pierre !
À sa blancheur, nacre du lait
Tes lèvres délicatement tu trempais
Puis tu lapais goutte à goutte, bouche goulue, à ma fontaine de jouvence
Mais pour ces heures superbes volées, le destin crie toujours vengeance

Maintenant s'écoule brutalement chaque grain
La constellation sur ma peau inexorablement s'éteint
Ô ces petites étoiles que tu parcourais de tes doigts
Elles gémissent aujourd'hui dans les sillons de l'effroi !
Et j'entends un bruit mat qui résonne
Le glas, au loin qui sonne

Il est temps de mourir d'avoir usé mon cœur contre ton corps
Il est temps de crever de ce fol amour pour toi.

Toison

Il y a eu des jours bleus…
Aux rondeurs exquises de l'orange
Et ma parure d'or
Était un bouton de fleur !

Lui ?
Il aimait le beurre
Et sur ma tignasse solaire
Une foison de baisers il déposait
Mais tout ça n'était que leurre !
L'heure déjà pactisait…

Blondeur et parfum d'agrume
Se sont évanouis !
Mes cheveux blond blé empagaillés
Et les pépins par milliers !
Comme les années… accumulés
Étranglés dans le goulot du grand sablier.

Et sur mes seins laiteux
Et à l'intime tanné
Nos nuits sont devenues plus plates…
De langueur à la torpeur
Et nul trompe-l'œil !
À la lumière crue du rayonnement de lune
Mon amour ne trouve plus qu'ombres brunes
Et sur ma toison dort…

Tentation

Tentation en belles chaires, boire à la fontaine du savoir,
explorer un musée-homme et moi, femme de l'être !
Puis, juste avant la naissance de l'art, succomber aux ambivalences,
aux approximations, au flou frémissant…
M'abandonner à ce songe métaphorique
En décors oniriques, divaguer
En des cœurs m'offrir
Et ton corps… qui s'adonne à l'éclosion de mes élucubrations !
Que j'accueille chère chair…
Que j'embrasse quand il embrase
l'enchevêtrement de mes pensées.

Divagations

Voilà que je m'égare
À la lueur d'un soir
Au crépuscule ambré
Hanches de l'horizon offertes
À ma folle divagation.
À la couleur de l'eau ! À celle de sa peau !
Parchemin mordoré
D'une plume de là-bas, un poète d'orient
Et je bois avide, ses vers exquis
Ivre déjà ! Je m'ouvre comme de Saadi la rose !
Mon automne se met à chanter !
Il danse du ventre !
Et mon khôl se dépose sur ses lèvres ardentes
Qui ont osé mordre l'encre
Se diffuse alors un effluve subtil
Précieux bouquet de jasmin et clémentines…
Rémanence des corps quand l'amour les tient !
« La lune bleuit le jardin »…
Voici venir l'heure d'extase
L'or des sentiments
Sublimes ores d'une saison
Puis l'hiver viendra
Avant que je ne retrouve raison.

Cher moi

Cher moi,
Moi, tiers, et puis toi
Moitié de ça, un peu de lui, une part d'eux
En tiers : mère ; femme ; poète
Un peu animal aussi… mais ne le répète pas !
Entièrement plurielle !
Mais rien sans lui ou ailes

Chair moi
Ne me tente pas !
À chaque passage sur le fil
Je semble sage
Mais ma peau aime à corps !
Je prends mon pied
Et puis les tiens !
J'enjambe, je croise, j'embrasse !
Je tombe le corps sage
Puis je te laisse l'air de rien
À sucer tes doigts
Car tu as encore faim

C'est la fin !
J'en ai déjà trop dit !
Moi et moi gardons l'intime à l'abri
Pour la nuit
Quand tous les chats sont gris
Et la poésie juste pour lui…

Catharsis

Quand soleil et besogne auront lacéré ta basane
Et les vents t'auront battu du Nord, du Sud, de l'Est
Et toi complètement à l'Ouest !
Émue par ta sémantique sénile, mais toujours si tendre
Je serai là…
Quand tes inspirations puissantes,
Les épices de ton chant,
Tes ardeurs d'orient
Ne seront plus que souvenirs d'antan
Je serai là…
À capturer au filet tes paroles en l'air
À prendre dans mes bras toutes tes rimes à rien
Et rire sans fin des délires de ton verbe badin
Éperdue amoureuse
Je serai là !
D'un bâton de vieillesse
Je ferai une barre de pole danse
Ma thérapie d'Aristote
Un spectacle qui ravigote !
Pour la faire se dresser encore
Ta verve mon poète, mon bel amant
Et toi, sublime comme avant, fier comme Narcisse
Et moi, ta catharsis.

Glissement

La sentir glisser
prémisse à tous mes plaisirs ~
ta prose en mes lignes

Perte de raison

Est-ce l'abandon ?
La dépersonnalisation, la folie ?
Cette détonation !
Quand l'art se saisit d'elle !

Elle s'agite, gesticule entre pinceaux, spatules, et ciseaux
Elle malaxe, triture, tripatouille, pitrogne puis trublionne, elle suce ses doigts d'argile et de pigments !
L'ingénue géniale bondit, change d'angle, de point de vue, de position comme d'opinion !
Elle blasphème, elle crie « mort aux bigotes » !
L'air hagard et mèches folles, elle sifflote des chansons paillardes, sa liberté chérie comme partition !
Puis ! Dans un élan, fuse au fusain, son œuvre d'art !
Presque à craquer, elle a croqué sa muse adorée !
Elle se calme enfin quand tout contre lui, il la cale et la câline.

Serait-ce la perte de raison ?
L'aliénation, l'abnégation ?
Cette déflagration
Quand l'amour se saisit d'elle !

Saison morte

Pluie de saison morte
où plus rien ne se retient ~
déposer les larmes

sel fluide où germe au secret
le printemps de notre amour

Langue

À fleur du talent
ta maîtrise de la langue ~
mes lèvres raffolent

Le parfum

Il y a cette senteur
Balsamique et rugueuse
Tout près de moi
Du santal ?
Ou peut-être un cuir fauve
D'une main gracile
Je caresse l'écorce onirique
Puis, plus fougueusement, l'animal…

Et mes lèvres s'agitent !
Cherchent à capturer en bouche,
La fragrance !
Mystère d'un bouquet de protéines liées
Phéromonale ou divine alchimie ?

Voici que la raison vacille !
Quand il affleure, quand je l'effleure
Quand il s'élève, quand je m'affaisse
Quand il se dresse et que je ploie !

Tout contre lui…
Tout en dedans…
Là où se joignent et se confondent
Mes émanations à chair florale
Et son parfum puissant de bois bandé !

Printemps troublant

C’était un printemps troublant
À l’haleine capiteuse de fleurs aux arômes solaires
L’air se chargeait d’une chaleur lourde qui à la peau caramélisait les fluides
Laissant à nos sens l’effluence de cuir et de bêtes chaudes

C’était un printemps d’ailleurs
Ce lointain ambre sable et d’épices capiteuses diffusant d’encensoirs dorés
De monts et vallées rythmés par le croissant de lune
D’Hommes embrassant la terre, enlaçant la foi
Un « autre part » qui nous embrasait

C’était un printemps de grand vent !
Le sirocco vaporisait à rafales brunes,
le désordre aux cheveux et cœurs
Et en nos bouches montait un goût de cannelle
En mes seins, à ses mains, des émanations douces de vanille

C’était un printemps fou !
Brûlant bouquet de senteurs qui nous cueillaient violemment
En nos ventres bourgeonnants volaient des notes de Vivaldi !
Sur nos lèvres, la douceur rousse du miel…
Et dans notre ciel orange intense et bouleversant
De l’amour le printemps.

Écholalies

De fissure à peau
J'entends ce mur qui murmure
En écholalie

Nos cris ! Fuyant par mes failles
D'un fol amour contenu

Et dans la rue, leur tessiture se pose,
calligraphie nos prénoms… love art offert aux passants.

Le champ des amants

Combien de jours encore ?
Combien de nuits sans toi ?
Combien de linge à étendre ?
Combien de cordes à tendre ?
À m'écorcher la voix
Pour que tu m'entendes…

Pour que tu m'attendes…
Est-ce que l'hiver sera tendre ?
Pour les oiseaux de passage
Qui essaiment des graines
et s'égrainent le temps…
Que ce sable migrant
Recouvre minutes et heures
À la vitesse du vent !

Puis enfin l'aube rose !
Sur Terre
Au Champ de Mars
Ô chant du printemps !
Les hirondelles au ciel
Des étoiles plein les yeux
Et dans l'anneau de Jupiter
Tes bras qui m'enserrent
Ce parfum de fleur qui aime

Et Paris qui perle !
De la rosée de joie
Quand révélant les amants
La brume cède aux sentiments.

Caresses

Eau, terre, poussière
et l'amour plus qu'il n'en faut~
pour tout reconstruire !

de caresses douces-argile
fécond corps à peau à glaise !

Courir sur ta peau

J'irais courir à même ta peau
Son grain pénétrant mes paumes de pieds
Le vent de ton souffle dans mes cheveux défaits…
Dans des îlots duveteux, je déposerais les mains
Mes lèvres indolentes sur des étendues sauvages
Mes seins dans des bassins humides et tendres
Et j'irais me rouler dans ta limbe rose
Une gymnastique dans la matière à réflexion
J'oserais masturber le cerveau
Grisée par la science et toutes les émotions

Toutes ces caresses impertinentes
Je les vole à l'impermanence du temps !
Avant que les vallées ne se creusent
Et que les sillons se larment !
Et que le voile de l'oubli
Tombe lourdement sur notre poésie.

Nœud d'émotion

Un de mes cheveux sur la langue
bégayant de mots d'amour

Tendre, tu démêles
nos sentiments un à un ~
fol nœud d'émotion !

Muse bleue

Ô muse ! Bleue « mots » ! De ceux que tu écris pour moi…
Aux reflets scintillants ! Vivantes étoiles dansant sur le banc de mes yeux
Et cette vague montante, brûlante !
Quand j'observe intensément les grains de sable dorés,

que tu couvres en va-et-vient d'une écume moussante
Puis ton odeur saline, parfum des origines, quand quittant la lagune,
le premier homme s'est dressé !

Ivre, inspirée ! Amoureuse éperdue, je veux immortaliser l'instant
Mais libre tellement, le peau-aime vole déjà, là-bas au vent.

Dernière chance

En mer, Elle, aux seins chair…
l'attraction originelle ~
notre ultime chance ?

qu'IL féconde le nouveau monde
en déhanchements liquides

Scène finale

Je veux qu'en scène finale
Je finisse de vivre
À Paris, bord de Seine
Rendre mon dernier soupir
Un pont vers l'au-delà
Le corps dans tes bras
Chère contre toi
Chair contre moi
Ta rose qui s'éteint
Mon âme s'envolant
Surplombant Notre-Dame
Et ce flot incessant et entêtant
Aux exhalaisons de poissons et mille sentiments
Serpentants… vert espérance
Dans ce lit brodé de fils d'or et argent
Et tes larmes ne pourront rien changer
Ni ta crue d'émotion
Paris ne brûle pas !
Juste, je m'en vais rejoindre l'océan
Emmenée par le fleuve
De cette ville tant aimée
Et ta terrible peine portée par la Seine.

Remerciements

Je remercie chaleureusement mon mari et mes enfants, ainsi que tous mes abonnés Instagram qui ont cru en ma poésie.

Un immense merci également à l'artiste Sylvie Châtelain qui a réalisé la magnifique illustration en couverture du recueil.

Table des matières

Imprimé en France
Achevé d'imprimer en mars 2024
Dépôt légal : mars 2024

Pour

Le Lys Bleu Éditions
40, rue du Louvre
75001 Paris

www.ingramcontent.com/pod-product-compliance
Lightning Source LLC
Chambersburg PA
CBHW062344010826
49168CB00024B/259

9791042224875